AF463464

8° L 27
30208

SOUVENIRS

GUSTAVE COURBET

PAR

MAX. CLAUDET

PARIS

DUBUISSON ET Ce, IMPRIMEUR BREVETÉ

5, RUE COQ-HÉRON, 5

1878

SOUVENIRS

GUSTAVE COURBET

SOUVENIRS

GUSTAVE COURBET

PAR

MAX CLAUDET

PARIS

DUBUISSON ET Ce, IMPRIMEUR BREVETÉ

5, RUE COQ-HÉRON, 5

1878

SOUVENIRS

GUSTAVE COURBET

Il y a quelques années, passant sous les galeries du palais *Granvelle*, dans la vieille ville de Besançon, j'achetai, pour la somme de 50 centimes, un petit volume portant le titre suivant :

ESSAIS
POÉTIQUES
PAR
MAX B...
VIGNETTES PAR GUST. C...
BESANÇON
IMPRIM. ET LITH. DE SAINTE-AGATHE
1839

Max Buchon et Gustave Courbet : deux amis élevés dans le même collége de la

Suisse, ayant les mêmes aspirations, sont morts tous deux, à quelques années de distance, dans la force de l'âge et dans la plénitude du talent.

Quand ce petit volume parut, Buchon avait vingt et un ans et Courbet dix-neuf.

En lisant ces poésies, amplifications de collégien, qui aurait deviné le talent si original de l'auteur du livre : *En Province*, et des *Poésies franc-comtoises ?*

Dans ces quatre petites lithographies sans caractère, faites au pointillé, qui eût découvert la main puissante de l'auteur de l'*Enterrement d'Ornans*, de la *Femme au Perroquet*, et des sauvages paysages du Jura et du Doubs ?

Comme cette œuvre de jeunesse est curieuse ! Combien il a fallu de temps d'étude à ces deux natures pour se débrouiller et pour se frayer un chemin vers la lumière !

Ce curieux petit livre, extrêmement rare, a 150 pages : il est illustré de 4 vignettes recouvertes d'un papier de soie.

La première représente un conscrit quittant le pays ; il se cache le visage de la main droite ; de l'autre, il porte un sac au bout d'un bâton ; sa fiancée à genoux implore une Vierge placée dans un vieux chêne.

La seconde lithographie représente le bord de la mer ; deux nègres donnent des soins à un blanc étendu sur le sol.

La troisième : deux amoureux sont assis près l'un de l'autre.

La scène se passe dans une grande chambre; sur la fenêtre, un beau pot de fleurs.

La dernière vignette nous montre un voyageur, le chapeau à la main, sur le bord d'un lac où navigue un bateau imperceptible ; des montagnes bordent l'horizon.

Dessin et poésie sont d'un mauvais navrant. Cela n'a même pas la saveur de la grosse naïveté.

Laissez passer une vingtaine d'années : l'artiste, arrivé à l'apogée de son talent, de sa puissance d'exécution, vous signera : l'*Enterrement à Ornans,* ce coup de canon du réalisme ; ses *Casseurs de pierres,* sa *Femme au Perroquet,* et ses innombrables paysages, chefs-d'œuvre de notre école moderne. Ce ne sera plus le jeune homme *léchant* un mauvais petit dessin, ce sera le grand artiste faisant un tableau en deux heures.

Ecoutez une anecdote de cette époque :

C'était en 1864.

Un jour, Buchon me dit : « J'apprends que Courbet est à Nans. Vous devriez aller le chercher et le ramener passer quelques jours avec nous. »

Nous étions sur la fin de septembre, le plus beau mois dans nos montagnes du Jura. Les vendanges se faisaient ; aussi la campagne était-elle animée par une foule de travailleurs.

Je partis, à dix heures du matin, accompagné d'un camarade. Nous faisions le voyage à pied : ce serait une profanation d'aller en voiture dans un si beau pays où, à chaque pas, on est forcé de s'arrêter pour admirer la grande nature.

Nans-sous-Sainte-Anne est une merveille, un petit coin de la Suisse perdu dans le Jura français. Pour s'y rendre, la route est ravissante à travers les bois. Puis apparaît le village bâti de jolies maisons. La Grotte-Sarrasine, cette niche de rochers digne du Saint-Borromée du lac Majeur, la source du Lison, le Creux-Billard, la plus étrange des cascades, trois choses superbes. Aussi le pays est-il toujours habité, dans la belle saison, par une nombreuse colonie d'artistes. Cette vogue d'aujourd'hui lui vient un peu de Courbet.

Nous arrivâmes à l'auberge où le peintre finissait gaiement son déjeuner.

— Vous venez me chercher ? nous dit-il. Diable ! mais j'ai un tableau à faire, la source du Lison ; et vous voulez que nous partions à cinq heures ? Il est vrai que j'ai le temps, mais il ne faut pas s'amuser. Déjeunez, je vais partir avec Jérôme, et vous viendrez me retrouver.

J'avoue que j'étais un peu incrédule sur l'accouchement du tableau commencé à deux heures et devant être terminé à quatre ; aussi nous nous hâtâmes pour rejoindre Courbet.

Nous fîmes les deux kilomètres qui existent de l'auberge au Fons-Lison, et nous aperçûmes le peintre installé dans un champ, en face de la source, la toile sur le chevalet, et Jérôme paissant tranquillement, car Jérôme était un bel âne que Courbet avait acheté pour traîner sur une petite voiture son bagage de peintre quand il allait travailler aux environs d'Ornans.

Il faisait un grand vent ; aussi, au moment de notre arrivée, la toile fut-elle bousculée, et, pour comble de malheur, une branche du chevalet passa tout au travers.

— Ce n'est rien, dit le peintre.

Il le retourna, passa de la couleur sur la déchirure et y appliqua du papier en ajoutant :

— On n'y verra rien.

La source du Lison, devant laquelle nous étions, est un tableau splendide. Que l'on s'imagine un gigantesque rocher à pic, aux couleurs variées, surmonté d'une forêt. A une certaine hauteur s'ouvre une excavation profonde comme une voûte d'église et soutenue comme elle par des piliers ; au fond de ce gouffre une source d'eau azurée, fraîche comme venant des glaciers, tombant par une cascade jusqu'à la base du rocher et prenant son cours dans la vallée en baignant le pied des maisons du village de Nans, ce témoin du premier amour de Mirabeau et de Sophie.

Courbet était donc en face de ce beau site avec sa toile encore vierge, sauf la déchirure. Mon compagnon imagina d'aller chercher une lourde échelle de voiture que nous dressâmes et que nous fixâmes de notre mieux avec des morceaux de bois et de grosses pierres. Le maître-peintre put alors commencer, sans crainte d'un nouveau malheur.

— Cela vous étonne que ma toile soit noire! nous disait-il. La nature sans le soleil est noire et obscure; je fais comme la lumière, j'éclaire les points saillants, et le tableau est fait.

Et il prenait avec son couteau, dans une boîte où étaient des verres remplis de couleur, du blanc, du jaune, du rouge, du bleu. Il en faisait un mélange sur sa palette; puis, avec son couteau, il l'étendait sur la toile et la râclait d'un coup ferme et sûr.

— Faites donc, nous disait-il avec son accent franc-comtois, faites donc avec un pinceau des rochers comme cela que le temps et la pluie ont rouillés par de grandes veines du haut en bas !

Il fit l'eau de même, et tout cela prenait de la tournure.

— Encore quelques arbres par ici, un peu d'herbe verte sur le premier plan, et nous aurons bientôt fini ! disait-il.

Et toujours son couteau courait sur la toile. A quatre heures, le tableau était terminé, et l'on y sentait la main du maître et son souffle puissant. Nous étions stupéfaits de cette rapidité d'exécution. A peine deux heures de travail pour couvrir une toile d'un mètre!

— A présent, dit Courbet, en route pour Salins!

Tous les bibelots furent mis sur la petite voiture; le tableau ayant été solidement attaché derrière, on attela Jérôme, qui parut contrarié d'être dérangé de son dîner. Nous partîmes.

Au village, nous prîmes un second âne pour aider Jérôme, car la route monte pendant six kilomètres, et nous suivîmes à pied, en surveillant notre attelage qui faisait des siennes.

Arrivés sur la hauteur, nous renvoyâmes notre doublier; et, comme la descente est de six kilomètres, Courbet nous dit :

— Il faut monter sur la voiture.

Nous voilà installés trois sur la banquette, serrés comme des harengs, car maître Courbet tenait bien sa place. L'âne descendait au petit trot et la nuit arrivait; nous fûmes bientôt en vue de Salins. La route est bâtie sur un terrain des plus tourmentés : à notre gauche, la montagne; à notre droite, un profond ravin.

Une voiture à bœufs, sur laquelle était un tonneau de vendange, arrivait à nous; nous prîmes à droite pour l'éviter, mais l'âne eut peur et, chargé comme il était, prit le grand galop. Courbet tirait sur les guides, si bien que celle de gauche cassa et que celle de droite fit tourner subitement l'âne du côté du précipice.

L'âne, les voyageurs et la voiture roulèrent, et, heureusement pour tous, les deux roues de derrière restèrent accrochées au parapet de la route et nous retinrent suspendus dans le vide. On se dégagea comme on put, et nous retirâmes l'âne, la voiture et le tableau ; personne n'avait de mal.

L'on se remit en route avec plus de prudence et sans remonter sur la voiture. Nous arrivâmes à Salins à la nuit noire. Buchon nous attendait avec un bon souper que nous mangeâmes avec appétit, en racontant gaiement nos mésaventures.

Ce tableau resta longtemps chez Buchon. A sa mort, Courbet l'emporta.

Qu'est-il devenu? Je l'ignore. Si quelqu'un le possède et qu'il lise ces lignes, il en saura l'histoire. J'aimerais à le revoir, comme souvenir d'une bonne journée qu'on oublie difficilement.

Gustave Courbet était un robuste Franc-Comtois ; sur ses larges épaules était posée une superbe tête. Il avait de beaux yeux, fendus comme ceux des Assyriens ; son nez etait bien dessiné et sa bouche fine et railleuse.

Il avait une barbe magnifique, et ses cheveux, bien ondulés, encadraient cette belle et expressive figure d'artiste.

C'était un conteur charmant ; ses histoires du pays rappelaient les drôleries du curé de Meudon. Il avait, malheureusement, une passion pour les chopes; il en usait et en abusait.

Un bon dîner ne lui faisait pas peur, car il avait conservé les vieilles habitudes franc-comtoises de rester six heures à table. Il est vrai que l'on ne s'ennuyait pas avec lui; seulement, quand on oubliait de remplir son verre, il s'écriait, avec une voix de Stentor :

—Celui qui verse à boire, à quoi pense-t-il?

Il parlait de tout. En art, il avait des théories qui feraient devenir chauves les classiques; en politique, il en remontrait au plus malin. Quand on abordait la religion, il assommait son adversaire avec le *Retour de la conférence*.

C'était bien l'être le plus insouciant que l'on pût trouver. Quand il arriva à Salins, comme je viens de vous le raconter, il devait y rester huit jours; trois mois après, il y était encore. — Son bagage se composait de son âne avec la voiture, d'une chemise et de deux paires de chaussettes; en fait d'habits, il n'avait que ceux qui étaient sur son dos. Quand le froid arriva, il acheta une couverture à un juif, sur la foire; il y fit faire un trou au milieu pour passer la tête, et ce fut son pardessus d'hiver.

Castagnary vint le chercher pour le ramener à Ornans; sans cela, combien de temps serait-il resté ?....

Son père était aussi venu deux fois pour savoir ce qu'il faisait. Courbet disait de lui :

— Il ne fait pas de la peinture comme moi, mais il a inventé une voiture à cinq roues...

Le triomphe de Courbet fut de 1860 à 1870. Je me rappelle cette belle époque, surtout l'année où parurent ses plus belles œuvres. Je me souviendrai toujours d'un dîner que nous fîmes par une belle journée de printemps.

Nous avions tous rendez-vous à la gare Saint-Lazare, à une heure de l'après-midi ; je m'y trouvai un des premiers, avec Buchon. Champfleury arriva, accompagné de Castagnary et de Courbet, lequel avait amené avec lui un tout jeune homme à lunettes, armé d'un grand parapluie. Il nous le présenta en nous le nommant : Monsieur *Vermorel* !

Nous descendîmes à la station de Chatou, et nous nous rendîmes à pied jusqu'à Bougival. Arrivé là, Courbet trouva qu'on dînerait mieux dans une auberge qui se trouvait à moitié chemin de Bougival à Chatou, sur le bord de la Seine, en face la charmante île de Croissy.

Nous voilà repartis, longeant le bord de l'eau, par un petit chemin frayé dans l'herbe verte. Courbet parlait de lui et de la peinture.

Arrivés à l'hôtellerie, le peintre d'Ornans commanda le dîner, et l'on se mit à table.

Voilà qu'au milieu du festin entre Gambetta.

Le futur ministre de la guerre vint causer un instant avec nous, et retourna dans la salle voisine.

Le dîner fut gai. Courbet raconta des histoires franc-comtoises assez drôles; aussi la soirée se passa vite avec de pareils convives, et à la nuit nous regagnâmes le chemin de fer, qui nous ramena à Paris.

Pour bien finir la journée, on alla s'installer à la brasserie, où l'on trouva l'avocat Chaudey qui nous soutint, avec sa verve habituelle, que les artistes étaient tous des imbéciles et ne savaient pas même s'arranger en corporation comme les cordonniers. Il avait pour antagoniste Vermorel, aussi bavard que lui. Courbet rageait de ne pouvoir parler de sa peinture, Champfleury écoutait, et Buchon passait la main sur ses moustaches, comme il avait l'habitude de faire quand il était fatigué d'une discussion.

Quel dîner curieux par la réunion d'êtres aussi divers, qui devaient bientôt se trouver opposés les uns aux autres! Hélas! que de sombres jours devaient passer entre ces convives si gais et si drôles!

Si, comme dans ce dîner qui précéda la révolution de 89, il se fût trouvé un nouveau Cazotte pour se lever et nous dire tout à coup, en désignant un des convives : « Vous, Chaudey, vous serez fusillé par vos partisans, à vous; et vous-même, Vermorel, vous mourrez de mort violente sur une barricade, tout cela au milieu de Paris en sang et des monuments en feu, aux applaudissements de cent mille Allemands. Quant à Courbet, il passera en conseil de guerre et ira vivre tristement en un exil volontaire, en disant presque adieu aux arts. Cet avocat de Cahors sera un jour ministre de la guerre, et il luttera en vain contre l'étranger, sans pouvoir le rejeter du sol de la patrie, et puis, pour sortir de Paris bloqué après la chute de l'empire, il sera obligé de partir en ballon. Et vous, Buchon, si fort, si robuste et toujours prêt à chanter de vieux noëls franc-comtois, vous ne verrez pas tout cela, vous serez mort le premier! » eh bien! vrai, si l'on nous avait fait une pareille prédiction ce jour-là, le dîner aurait fini moins gaiement, et Courbet se serait donné une indigestion.

Il est mort en Suisse, dans ce pays de la liberté. Les ennuis et l'abus de la bière ont brisé cette nature herculéenne. Que dire de lui? Chacun connaît son œuvre. En faire l'éloge est puéril; sa place n'est-elle pas prise parmi nos grands artistes français? Il ne me reste qu'une seule chose à constater avec regret:

Le musée du Luxembourg ne possède pas une seule toile de lui!...

Paris. — Imp. Dubuisson et Cie, rue Coq-Héron, 5

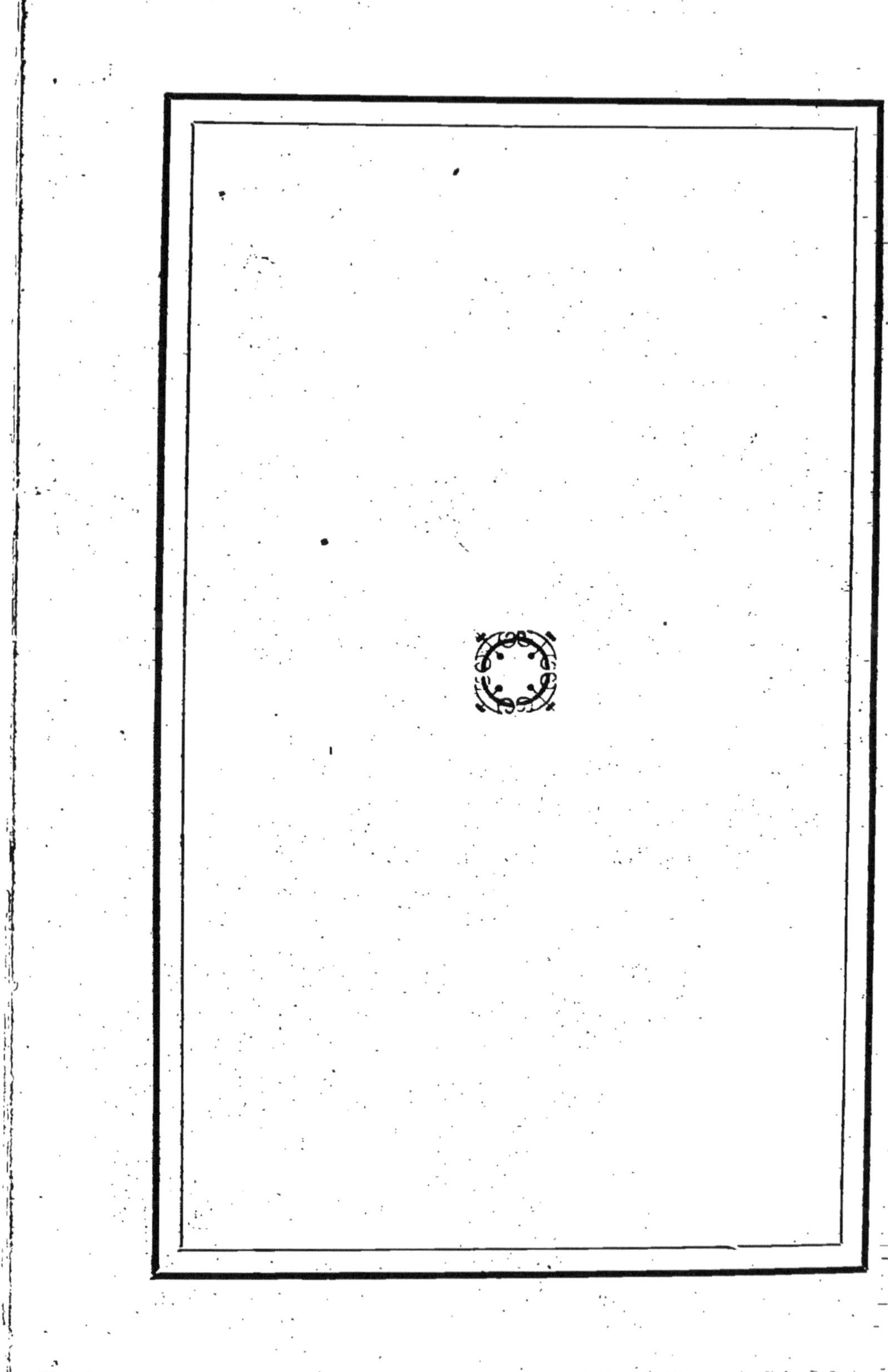

www.ingramcontent.com/pod-product-compliance
Ingram Content Group UK Ltd.
Pitfield, Milton Keynes, MK11 3LW, UK
UKHW012310240726
13966UKWH00005B/1766